ALLOCUTION

PRONONCÉE PAR

Monseigneur FONTENEAU

Evêque d'Agen

AU MARIAGE

De Monsieur Christian DE BENTZMANN

ET DE

Mademoiselle Clothilde DE BROCAS DE LANAUZE

Le Mercredi 4 avril 1883

Au Chateau de Carnine

NANCY

IMPRIMERIE SAINT-EPVRE — FRINGNEL ET GUYOT
3, rue du Cheval blanc, 3

1883

ALLOCUTION

PRONONCÉE PAR

Monseigneur FONTENEAU

ÉVÊQUE D'AGEN

ALLOCUTION

PRONONCÉE PAR

Monseigneur FONTENEAU

Evêque d'Agen

AU MARIAGE

De Monsieur Christian DE BENTZMANN

ET DE

Mademoiselle Clothilde DE BROCAS DE LANAUZE

Le Mercredi 4 avril 1883

Au Chateau de Carnine

NANCY

IMPRIMERIE SAINT-EPVRE — FRINGNEL ET GUYOT
3, rue du Cheval blanc, 3

1883

ALLOCUTION

PRONONCÉE PAR

Monseigneur FONTENEAU

ÉVÊQUE D'AGEN

Au mariage

DE MONSIEUR CHRISTIAN DE BENTZMANN

ET DE MADEMOISELLE CLOTHILDE DE BROCAS DE LANAUZE

Le mercredi 4 avril, le château de Carnine, situé dans la section de Bouchet appelée Le Tren, aux portes de Casteljaloux, était en fête : fête de famille vraiment, car deux nobles maisons, confondant leur reconnaissance, recevaient avec les élans d'un filial respect, le premier pasteur du diocèse, venu pour bénir l'union de Monsieur Christian de Bentzmann et de Mademoiselle Clothilde de Brocas de Lanauze. A 10 heures, une foule respectueusement empressée ouvrait ses rangs au cortège qui pénétrait dans la très modeste église de Tren, parée pour la fête avec un goût exquis de tous les trésors de la forêt voisine. Les guirlandes de lierre, les rameaux des pins et des chênes lièges, les genêts en fleurs, mêlaient leurs verdures variées aux tons éclatants des oriflammes, et formaient un cadre digne du tableau. Les jeunes filles de la paroisse avaient tenu à honneur de témoigner à Mademoiselle de Brocas, qui fut pour elles un modèle de piété et de charité, leur admiration et leur gratitude. Leurs chants naïfs et gracieux alternaient avec l'admirable voix d'une jeune amie de la mariée, interprétant les plus beaux morceaux des grands maîtres, sous cette voûte rustique étonnée de les entendre. L'assistance était toute composée des familles du pays, heureuses de mêler leurs prières en faveur des jeunes époux si dignes de sympathie. Le saint sacrifice était célébré par Monseigneur l'Evêque ; Sa Grandeur a prononcé l'allocution suivante :

Nos Très Chers Fils en Notre-Seigneur,

Vous avez déjà pris les magistrats de la terre à témoin de vos engagements. Mais, aux yeux de la Religion, ces préliminaires que vous imposait la loi attendent une sanction plus haute et plus sacrée. Vous entrez dans ce temple pour contracter des liens plus durables que le temps, immuables comme l'éternité.

Aussi, Dieu lui-même veut-il être de la fête ; c'est comme son témoin et son ministre que j'ai la joie de participer à celle-ci.

Je le sais, vos cœurs sont prêts, et je n'ai pas besoin de les inviter à s'élever en haut. Qu'il me suffise donc, par un simple motif de piété, de vous rappeler en substance, quelques-unes des vérités fondamentales qui donnent au mariage chrétien sa véritable grandeur.

A l'origine des siècles, quand le Créateur, après avoir tiré 'univers du néant, voulut enrichir ce temple incomparable du chef-d'œuvre d'architecture, qui s'appelle l'homme, il ne se contenta pas de commander à la matière choisie comme élément, il daigna façonner de ses doigts divins, cette noble et royale structure qui raconte si bien, par l'harmonie de ses traits, la majesté de son port, la perfection de son ensemble et de ses détails, l'habileté infinie de l'ouvrier (1). Voilà comment le Seigneur agit dans la création de l'homme.

Il se servit d'un procédé semblable pour l'institution de la famille, c'est-à-dire, qu'il y mit l'empreinte de sa main.

Il est bon d'étudier ce touchant mystère, qui cache d'admirables révélations, d'où découlent de précieux enseignements.

Après avoir placé Adam au milieu du Paradis terrestre, Jéhovah, le Seigneur, dit : « Il n'est pas opportun
« que l'homme reste seul; l'isolement serait un danger
« et un malheur (2). Donnons-lui une compagne qui
« lui ressemble, elle l'inspirera dans ses travaux ; elle

---

(1)   Os homini sublime dedit, cœlumque tueri
     Jussit et erectos ad sidera tollere vultus. (Ovide.)
(2) Væ soli : quia cùm ceciderit, non habet sublevantem se. (Eccles. IV, 10.)

« le soutiendra dans ses épreuves ; elle le consolera dans
« ses tristesses ; elle s'associera également à son bon-
« heur. Partagées, les douleurs sont moins amères et
« les joies plus douces (1).

« Et Dieu envoya à Adam un profond sommeil, pen-
« dant lequel il prit une de ses côtes... Et il en forma
« la femme (2). » Telle fut l'origine de la famille et de
la société.

En lisant ces versets de la Genèse, si simples dans
leur expression, mais d'une si haute portée dans leur sens
intime, il est difficile de se défendre d'une impression
profonde.

Des esprits incrédules et superbes n'ont voulu y voir
qu'une allégorie. D'autres ont osé sourire de ces détails,
les trouvant indignes de Dieu. Je le comprends, ils se
sont arrêtés à la surface, et ils n'ont pas pénétré le mystère.

Ecoutez, mes bien-aimés Fils en Notre-Seigneur,
l'explication qu'en donne la foi par les lèvres d'un
homme qui fut le premier des théologiens, le plus beau
génie et l'un des plus grands saints de son siècle, saint
Thomas d'Aquin :

« La femme, dit-il, eut une création exceptionnelle,
« comme Adam avait eu la sienne. Dieu consacra ainsi
« la dignité des deux ancêtres du genre humain ; Eve fut
« tirée de la substance même d'Adam, afin que l'hom-
« me fût lui seul le principe de toute son espèce,

---

(1) Faciamus ei adjutorium simile sibi. (Gen., II, 18... sociam.
(Ibid. III, 12.)
(2) Gen. II, 21 et 22.

« comme Dieu est le seul principe de tout l'univers.
« Elle ne fut pas créée de la tête de l'homme, parce
« qu'elle n'était pas destinée dans le dessein de Dieu, à
« dominer l'homme par l'intelligence ; elle ne fut point
« créée des pieds d'Adam, parce qu'elle ne devait être
« ni l'esclave, ni la servante de l'homme ; mais elle fut
« formée de la substance la plus voisine du cœur de
« l'homme, parce qu'il devait aimer cette moitié de lui-
« même, cette compagne semblable à lui, avec la ten-
« dresse la plus vive (1). »

Telle est la révélation du mystère. De même que Dieu est le créateur de l'homme, de même il est l'auteur de la famille ; il a daigné se mettre à la base, et, en la constituant, il a résumé les lois qui devaient la régir, dans celle de l'amour.

Ces sublimes notions, promulguées dès le commencement, et gravées au cœur de l'humanité, ne tardèrent pas à être oubliées ; ce fut l'œuvre de Satan et du péché. Les générations s'éloignèrent du Seigneur et finirent par le méconnaître, puisqu'il vint un temps où, « tout « était Dieu, excepté Dieu lui-même (2). » Or dès que les familles et les sociétés ne reposèrent plus sur leur fondement indispensable, l'harmonie cessa d'y régner ; on ne vit que le despotisme en haut, l'esclavage en bas et la dégradation au milieu. Voilà l'histoire des quatre mille ans qui ont précédé le christianisme.

Mais Jésus-Christ, qui est venu restaurer l'humanité

---

(1) S. Thom. Sum. Theol. prima Pars. Quæst. 61.
(2) Bossuet.

tout entière, et par conséquent la famille aussi bien que l'homme, « a fait surabonder le remède, là où abondait « le mal (1). »

Il se plaça lui-même au sein d'une famille modèle, qu'il voulait proposer à l'imitation des peuples et des siècles. Plus tard il voulut approuver et honorer, consacrer et sanctifier par sa présence les cérémonies nuptiales (2). Enfin il éleva le mariage à la dignité d'un *sacrement* et il fit de la famille un *sanctuaire*.

Mais qu'ai-je besoin d'insister sur ces grandes pensées ?... Mieux vaut me féliciter d'avoir été convié par l'aimable Providence à jouir du consolant spectacle que vous offrez au pied de cet autel.

Au milieu de nos tristesses actuelles, c'est un repos et une consolation de contempler l'avenir préparé par de telles unions ; car, dans l'œuvre de la régénération française, le foyer est l'auxiliaire indispensable de l'Eglise ; et, si c'est l'Eglise qui fait les saints, c'est à la condition que le foyer lui donnera des chrétiens.

Or quelles familles, plus que les vôtres, sont dignes d'inspirer des espérances à l'Eglise ?

Je salue, de part et d'autre, la longue chaîne des traditions de foi et d'honneur. J'admire dans les pères, des hommes distingués et surtout des hommes de bien, qui portent à leur front la double auréole de l'estime et de la confiance universelle. Les de Brocas dont les uns ont suivi Guillaume le Conquérant en Angleterre, et

---

(1) Ubi antem abundavit delictum, superabundavit gratia. (Rom. X., 20.)
(2) Noces de Cana.

dont les autres, rentrés et établis en Albret au XVe siècle, ont noblement figuré dans les annales de ces deux pays. Les derniers ont vaillamment combattu dans les guerres de Religion pour la cause de la France, tandis que Bernard de Brocas, un des premiers, fut victime de son dévouement à Richard II, roi d'Angleterre. Son corps a reçu les honneurs d'une sépulture princière dans la chapelle de Saint-Edmond, de l'abbaye de Westminster, pour effacer l'horreur de l'exécution de ce héros de la guerre des deux Roses.

Les de Bentzmann se sont distingués aussi à toutes les époques par leur dévouement à la religion. En France, où ils se sont établis à une date très reculée, on trouve leur nom parmi les chevaliers de la première croisade. Les curieuses archives de l'antique abbaye de La Réole mentionnent les libéralités importantes faites au célèbre monastère par divers membres de cette famille, qui engagèrent même leurs biens pour concourir à la délivrance du Saint-Sépulcre.

En Pologne, d'où ils sont originaires, les de Bentzmann prirent une part constante et glorieuse à toutes les guerres de religion dont l'établissement du Protestantisme a ensanglanté l'Empire Germanique. Ils furent dépouillés et exilés à cause de leur attachement inébranlable à la foi de leurs pères. C'est certainement à titre de récompense pour tant de services rendus à la religion, qu'a été réservée, à un descendant de ces chevaliers chrétiens, la gloire de planter à la fois le drapeau français et la croix catholique sur la cathédrale de Pékin fermée depuis deux siècles. Vous avez tous nommé le général de Bentzmann ; aux premières heures de sa brillante carrière, ami et compagnon de Lamoricière, dans toutes les campagnes d'Afrique ; glorieux soldat de Crimée ; commandant en chef de l'artillerie du corps expéditionnaire en Chine, il termine enfin sa noble existence dans un acte de suprême dévouement à la patrie.

Le général de Bentzmann avait rapporté de l'extrême Orient les germes d'une maladie mortelle. Il était sur le point de déposer sa vaillante épée pour prendre au sein de la famille un repos si nécessaire et si glorieusement mérité, lorsque la terrible guerre de 1870 éclata entre la France et la Prusse. Trop malade pour occuper au plus fort de la lutte le poste où l'auraient appelé ses remarquables qualités militaires, le général de Bentzmann voulut du moins consacrer le reste de ses forces défaillantes à la défense de la capitale. Sans aucun espoir de succès, et sachant bien que les fatigues et les privations d'un long siège seraient pour lui la mort certaine, le général de Bentzmann s'enferma volontairement dans Paris bloqué par les armées allemandes. Après cinq mois d'un labeur écrasant pour une organisation épuisée, ranimée un instant par sa fière et patriotique nature de soldat, il expira plein d'honneur au poste du commandement en chef des forts de la rive gauche de la Seine, le jour où la première bombe prussienne éclata sur Paris ! Dieu épargnait ainsi au vaillant soldat la vue des suprêmes humiliations de la patrie vaincue !

Qui ne connaît d'autre part l'aimable et martiale figure du général de Grammont, si populaire par cette loi protectrice à laquelle il a attaché son nom et où se peint toute la bonté de son âme. Militaire distingué, ami et lieutenant de Bugeaud, dans sa lutte contre l'anarchie, orateur plein de verve à l'assemblée législative, où l'envoya la reconnaissance du département de la Loire et notamment de la ville de Saint-Etienne. Elle avait été, en effet, sauvée des plus affreux désastres par la fière attitude de celui qui n'était encore que le légendaire colonel du 8e hussards, tenant tête avec une poignée de soldats à 40,000 ouvriers en armes. Ils étaient maîtres depuis huit jours de la malheureuse ville terrorisée par eux, déjà couverte de ruines, livrée au pillage, à l'incendie, et bientôt plongée dans le sang si, par son courage et sa présence d'esprit, le vaillant colonel n'eût fait reculer l'émeute qui n'est jamais victorieuse quand elle rencontre devant elle un homme de cœur intrépide et ne la craignant pas ! N'était-ce pas là le digne fils de cet autre général de Grammont, le héros de Wissembourg, que les récits de la France militaire et les vieilles gravures de 1792, nous représentent l'épée haute, à la tête de sa brigade, soutenant seul avec elle le choc de l'armée autrichienne, et décidant de cette glorieuse victoire par l'héroïque résistance que son exemple inspire à la petite troupe électrisée au cri de : *En avant pour la France !...* Bientôt frappé de deux balles, le héros combat encore ; une troisième balle le renverse enfin sur un monceau de cadavres, mais les renforts étaient arrivés et la bataille était gagnée !

A côté de ces illustrations, mon regard admire une autre galerie de figures chevaleresques que le Languedoc nous offre dans la famille des marquis de Villespassens, de Faure de Saint-Maurice, honorés à toutes les époques de la confiance de nos rois et appelés par eux aux postes les plus élevés, qu'ils occupèrent avec une éminente distinction.

Je salue dans vos mères des types accomplis de la femme selon l'Evangile : l'une, puisant au trésor de son cœur si éprouvé les sentiments dont nous avons pu apprécier la délicatesse et l'élévation, dans de délicieux ouvrages, pleins de foi et de patriotisme, et des œuvres de charité et d'apostolat, a préparé son fils à marcher sur les traces glorieuses de ses ancêtres ; l'autre a formé à son exemple un ange de piété et de grâces, tel que l'avait rêvé sa maternelle tendresse ! Il me faudrait ici les pinceaux de Fra-Angelico ou de Raphaël, et les copies pâliraient encore devant l'original !

Convenons donc qu'il est difficile de rencontrer une union offrant plus de garanties de bonheur, et reconnaissons que les de Brocas et les de Bentzmann se font aujourd'hui, non de mutuelles concessions, mais de réciproques présents. Chers époux, soyez donc bénis au nom de vos parents et de vos aïeux et souvenez-vous que vos blasons obligent : Ils signifient : honneur, patriotisme et religion ! « *Espérance et fidélité.* » « *Mon Espérance est dans la croix,* » devises éminemment catholiques et françaises qui ne seront pas seulement inscrites dans vos armoiries mais gravées dans vos cœurs.

Il ne me reste, en finissant, puisqu'une heureuse coïncidence m'y invite, puisque c'est sous les auspices de Marie et de saint Joseph, au lendemain de leurs fêtes, que vous contractez cette solennelle alliance : il ne me reste qu'à jeter avec vous un regard sur la famille, dont ils furent les chefs, sur cette auguste famille de Nazareth, où l'on vit une Vierge-Mère et un Enfant-Dieu, famille modèle que l'Eglise vous montre, dans sa gloire du Ciel, comme le type et la protectrice de la famille chrétienne sur la terre. C'est là que vous devez souvent puiser les exemples et solliciter les grâces qui vous guideront et vous fortifieront dans la vie.

Ma chère fille, que Marie, dont vous portez le nom, soit toujours votre avocate et votre modèle !

Mon fils bien-aimé, que saint Joseph, époux de Marie, soit votre intercesseur et votre exemplaire préféré !

Que Jésus enfin soit à jamais le trait d'union et le centre de l'amour qui doit vous attacher l'un à l'autre !

Ainsi-soit-il !

Nancy. — Imp. Saint-Epvre.

NANCY, IMP. SAINT-EPVRE. — FRINGNEL ET GUYOT

www.ingramcontent.com/pod-product-compliance
Lightning Source LLC
Chambersburg PA
CBHW060621050426
42451CB00012B/2357